Selbstliebe lernen

Liebe dich selbst, stärke dein Selbstbewusstsein und steigere dein Selbstwertgefühl, um glücklicher und zufriedener im Alltag zu werden

Paulina Blumenberg

Alle Ratschläge in diesem Buch wurden vom sorgfältig erwogen und geprüft. Eine Garantie kann dennoch nicht übernommen werden. Eine Haftung des Autors beziehungsweise des Verlags für jegliche Personen-, Sach- und Vermögensschäden ist daher ausgeschlossen.

INHALT

Vorwort – Wie Selbstliebe Ihr Leben verändern wird

Quälen Sie Selbstzweifel und Sorgen? Sind Sie unzufrieden mit sich selbst und Ihrem Leben, wissen aber nicht, wie Sie es verändern können? Haben Sie Ängste, die Sie blockieren? Dieses Buch wird Ihnen aufzeigen, wie Sie die Verantwortung für Ihr Glück übernehmen können, sich wieder bedingungslos lieben lernen und in Ihre wahre Stärke zurückfinden werden. Sie werden Ihre Stärken und Schwächen annehmen können, ohne Angst vor dem Urteil anderer zu haben.

Die praktischen Übungsaufgaben werden Ihnen dabei helfen, Schritt für Schritt negative Überzeugungen, die Sie über sich haben, zu entlarven und umzuwandeln, sodass Sie sich selbstbewusst vor anderen präsentieren können, ohne etwas vortäuschen zu müssen oder mit sich zu kämpfen. Finden Sie zu der Liebe zu sich selbst und werden Sie frei, Ihr Leben nach Ihren Wünschen zu gestalten.

Selbstliebe verstehen

WARUM SELBSTLIEBE ESSENZIELL IST

Womit fängt Selbstliebe an?

Sich selbst zu lieben und man selbst zu sein ist „in". Selbsthilfeliteratur zu diesem Thema ist keine Seltenheit mehr und in den sozialen Medien häufen sich die Beiträge zu Hashtags wie „Selbstliebe", „Selflove" und „seiduselbst". Allein unter dem Hashtag „Selbstliebe" werden auf der sozialen Plattform Instagram 67 neue Beiträge pro Stunde veröffentlicht. Aber was ist Selbstliebe überhaupt? Der Begriff Selbstliebe wird von einigen Menschen mit dem Begriff der Selbstfürsorge gleichgesetzt. „Selbstliebe ist, wenn ich mir selbst eine Auszeit nehme und mir etwas Gutes tue. Ich nehme ein Bad und lese ein Buch." Es stimmt, dass eine aktiv gelebte Selbstfürsorge ein wichtiger Bestandteil und auch Ausdruck der eigenen Liebe zu sich selbst ist. Selbstliebe, wie sie in diesem Buch verstanden wird, ist jedoch viel tiefgreifender und komplexer. Sie ist ein psychologisches Konstrukt und eine wichtige emotionale Ressource.

Selbstliebe ist eine positive Grundeinstellung zu sich selbst. Sie ist das emotionale Empfinden einer Person, mit sich selbst und dem eigenen Leben zufrieden und im Einklang zu sein. Sprechen wir von der Liebe zu uns selbst, sprechen wir im Grunde von unserem eigenen Gefühl über unseren Wert - unserem Selbstwertgefühl. Der Psychologe Morris Rosenberg definierte 1965 den Selbstwert als die Kompetenz des „Sich-selbst-mögen" und dem „Sich-selbst-kompetent-fühlen".

Die Kompetenz des „Sich-selbst-mögen" ist die Fähigkeit, sich die sicherheitsspendenden Gefühle von „Ich bin etwas wert." und „Ich bin bedingungslos geliebt.", die Sie als Kind von Ihren Eltern oder Bezugspersonen erhalten haben, selbst zu geben.

Selbstliebe fängt also damit an, dass Sie sich selbst ein Gefühl von Zuhause und Zuflucht geben können. Es ist das unerschütterliche Wissen, dass Sie richtig sind und immer zu Ihnen selbst zurückkommen können, wenn Sie im Außen Erfahrungen machen, die Zweifel daran lassen. Es ist der liebevolle und einfühlsame Umgang mit sich selbst.

Die Fähigkeit des „Sich-selbst-kompetent-fühlen" ist das kraftvolle Gefühl, das Steuerrad für Ihr Leben in Ihren eigenen Händen zu halten, indem Sie Eigenverantwortung übernehmen, proaktiv anstatt reaktiv sind und für sich einstehen. Sie vertrauen darauf, dass Sie selbst etwas bewirken können.

Leitende Glaubenssätze von Menschen, die ihren Wert richtig einschätzen und eine hohe Selbstwirksamkeit besitzen, sind „Ich bin wichtig." und „Meine Stimme und meine Meinung sind wertvoll.". Menschen mit einem gesunden Selbstwertgefühl sind besser in der Lage, mit Herausforderungen in ihrem Leben umzugehen, was ihnen nachhaltig zu einem glücklicheren und erfüllteren Leben verhilft.

Woher kommt der Mangel an Selbstliebe?
Die gute Nachricht ist: Das Gefühl, wertvoll zu sein und ein Recht darauf zu haben, geliebt zu werden, ist

grundsätzlich eine Eigenschaft, die uns allen inne-
wohnt. Selbst wenn Sie das Gefühl verlernt haben,
können Sie es Schritt für Schritt zurückerlernen.
Säuglinge, die auf die Welt kommen, stehen in direk-
ter Abhängigkeit zu ihrer Bezugsperson – meist der
Mutter. Das Leben des Säuglings in den ersten Mo-
naten ist hauptsächlich in Lustgefühlen und Unlust-
gefühlen unterteilt. Fühlt sich der Säugling aufgrund
von Hunger, Durst oder körperlichem Missempfin-
den nicht wohl, äußert es diese Unlustgefühle durch
Schreien.

Dadurch, dass die Mutter sich um den Säugling
sorgt und ihm seinen Stress abnimmt, gewinnt das
Kind an Vertrauen, versorgt zu werden. Mit zuneh-
mendem Alter steigt das Bedürfnis des Kindes nach
Autonomie und Eigenständigkeit. Es möchte seine
nahe Umgebung erkunden und sich auf zwischen-
menschliche Beziehungen einlassen können. Gibt
die Mutter dem Kind das Gefühl, sich jederzeit an
seine Mutter wenden zu können und nicht ausgeliefert zu sein, bildet sich ein starkes Urvertrauen aus.
Das Kind lernt sich selbst, der Mutter und anderen
Menschen zu vertrauen. Diese positive Grundeinstellung ist essentiell für ein gesundes Selbstwert-

gefühl und die Liebe zu sich selbst. Doch auch wenn ein gutes Urvertrauen ausgebildet worden ist, so haben die weiteren Lebensjahre einen prägenden Einfluss auf die Entwicklung. Durch die Auseinandersetzung mit den Botschaften und Haltungen von den Eltern oder auch Gleichaltrigen im Zuge der Sozialisation kann es passieren, dass Kinder oder Jugendliche ihren Wert infrage stellen und mit Minderwertigkeitsgefühlen in das Erwachsenenleben gehen.

Die Wurzeln ihrer Minderwertigkeitsgefühle liegen somit vermutlich in ihrer Kindheit. Kinder wissen instinktiv, dass sie auf ihre Eltern angewiesen sind, um zu überleben. Da sie in der vollkommenen abhängigen Beziehung zu ihren Eltern bzw. nahen Bezugspersonen stehen, sind diese und ihr Verhalten für die Kinder unfehlbar.

Das, was Mama und Papa sagen und machen, ist die Wahrheit. Kinder sind nicht in der Lage, die Botschaften ihrer Eltern zu reflektieren. Machen Kinder immer wieder die Erfahrung, dass die Liebe und Anerkennung, die sie bekommen, an Bedingungen geknüpft ist, entwickeln sie in ihrem Inneren die Überzeugungen „Ich muss mir Liebe und Zuwendung verdienen." und „So wie ich bin, bin ich nicht gut genug.". Bestrafen Eltern ihre Kinder bei unerwünschtem Verhalten mit Liebensentzug, wird die Überzeugung verinnerlicht „Nur wenn ich mache, was anderen gefällt, bin ich liebenswert. Wenn ich missfalle, bin ich nicht liebenswert.". Hören Kinder ständig Sätze wie „Was hast du dir dabei gedacht?", „Was machst du da schon wieder?", „Kannst du nicht einmal normal sein?" oder „Was soll nur aus dir werden?", entwickeln sie mit der Zeit die innere Überzeugung, dass mit ihnen offensichtlich etwas nicht stimmt, sie glauben „Ich bin nicht richtig. Ich bin falsch.".

Traumatische Erlebnisse, egal wie schwerwiegend oder nichtig sie rückblickend sind, in denen Kinder dem körperlichen oder emotionalen Missbrauch eines Elternteils ausgeliefert sind, erzeugen in ihnen den Glauben, dass sie keinen Wert haben, sie denken „Ich habe keinen Wert.", „Ich bin unerwünscht." und „Ich habe kein Recht, da zu sein.".

Die Summe dieser Erfahrungen bilden die ganz eigene Realität und Selbstwahrnehmung eines Menschen. Als Erwachsene ist es nun ihre Aufgabe zu hinterfragen, mit welchen inneren Program–mierungen sie ausgestattet sind und die Verantwortung dafür zu übernehmen, diese zum Guten zu verwandeln.

Die Folgen mangelnder Selbstliebe

Menschen mit einem geringen Selbstwertgefühl haben unbewusst Verhaltensmuster entwickelt, die sie davor schützen, ihre vermeintliche Unzulänglichkeit in der Öffentlichkeit zu offenbaren. Sie sind auf der ständigen Hut, eine Fassade aufrechtzuerhalten. Typische Schutzmechanismen sind ein verstärktes Perfektionsstreben, emotionale Unnahbarkeit und Kühle, übertriebene Zurückhaltung und Schüchternheit sowie Verlustängste. Indem betroffene Personen sich darum bemühen, alles perfekt zu machen und fehlerlos zu sein, glauben sie, ihre Wertlosigkeit verdecken zu können. Sie wollen sich und den anderen beweisen, dass sie nicht minderwertig sind. Andere wiederum schotten ihre Emotionen ab.

Sie wollen sich schmerzliche und schwache Gefühle nicht eingestehen und bleiben deshalb sich selbst gegenüber und auch in den Beziehungen zu anderen Menschen emotional unnahbar. Auch übertriebene Zurückhaltung und Schüchternheit sind eine Folge davon, die eigenen Schwächen nicht wahrhaben und preisgeben zu wollen. Ehe andere merken, wie schlecht und unzulänglich sie in Wahrheit sind, halten sich Menschen mit einem geringen Selbstwertgefühl lieber still und unauffällig im Hintergrund geduckt. Sie fürchten sich vor Ablehnung, wenn sie auch einmal „Nein" sagen oder ausdrücken, was sie möchten, insbesondere dann, wenn sie sich von der Bestätigung anderer abhängig gemacht haben. Aus diesem Grund haben Menschen mit Minderwertigkeitsgefühlen oftmals auch große Angst, von anderen verlassen zu werden. *Wenn ich nicht geliebt werde, dann habe ich keinen Wert mehr.* Sie tun alles dafür, um ihrem Partner möglichst zu gefallen.

Alle diese Schutzmechanismen kosten unglaublich viel Energie und lassen die Personen mit einem Gefühl einer inneren Leere zurück. Die Verbindung zu dem eigenen wahren Selbst und den persönlichen Werten, Bedürfnissen und Wünschen geht verloren. Entscheidungen zu treffen wird zu einer quälenden, fast unmöglich zu bewältigenden Aufgabe und wird daher des Öfteren vermieden. Verantwortung für das eigene Glück zu übernehmen, fühlt sich anmaßend und furchteinflößend an. Betroffene Menschen glauben nicht daran, dieses verdient zu haben und verharren in einer Opferhaltung.

DIE PSYCHOLOGIE UNSERES UNTERBEWUSSTSEINS

Wie Gedanken, Gefühle und Handlungen zusammenhängen

Eines der wichtigsten Erkenntnisse, die ich Ihnen mit auf den Weg geben möchte, ist das Verständnis über den Zusammenhang zwischen Ihren Gedanken, Ihren Gefühlen und Ihrem Verhalten. Im Prinzip ist es ein immer wiederkehrender automatisierter Kreislauf, der unzählige Male in Ihnen vorgeht: Sie denken einen bestimmten, meist unbewussten Gedanken, z. B. „Ich bin nicht gut genug.", erzeugen dadurch ein diffuses oder spezifisches Gefühl in Ihnen, z. B. das Gefühl der Angst, des Misstrauens, der Verunsicherung und der Lähmung, und handeln dementsprechend selbstprophezeiend sogar so, dass Ihr ursprünglicher Gedanke „Ich bin nicht gut genug." in Ihrer eigenen Wahrnehmung bestätigt wird.

Ihre Gedanken bestimmen Ihre Selbstwahrnehmung und Ihr Verhalten und bergen ein großes Potential für positive Veränderung. Vor diesem Hintergrund ist es einleuchtend, dass es sinnvoll ist zu hinterfragen, von welchen Gedanken Ihr Leben vornehmlich geprägt ist. Welche Gedankenmuster sind bei Ihnen vordergründig? Welche sind Ihre inneren Glaubenssätze? Von welchen Überzeugungen profitieren Sie und welche blockieren Sie, Ihr wahres selbstbewusstes Ich zu entfalten?

Die inneren Überzeugungen, die Menschen über sich und das Leben haben, bilden ihre ganz eigene Realität, solange sie sie nicht bewusst reflektieren und verändern. Da Kinder am Beispiel ihrer Eltern oder Bezugspersonen lernen, ist es ganz selbstverständlich, dass der Großteil ihrer inneren Gedankenmuster aus ihrer Kindheit stammt. Alles, was Menschen erleben und wahrnehmen, nehmen sie über die fünf Sinne wahr. Sie fühlen, riechen, sehen, hören und schmecken und verknüpfen diese Sinneseindrücke in ihrem Gehirn. Das Gehirn ist in der Lage, pro Sekunde bis zu elf Millionen dieser Sinneseindrücke aufzunehmen.

Vierzig dieser Informationen werden mit dem bewussten Verstand verarbeitet, doch der größte Teil der Informationen wird direkt im Unterbewusstsein gespeichert, ohne bewusst registriert zu werden. Im Unterbewusstsein ist also eine gewaltige Masse an Informationen gespeichert, die durch die

Erfahrungen mit der Umwelt geprägt ist. Erlebt ein Kind eine negative Erfahrung, werden in seinem Körper Stresshormone ausgeschüttet, die eine Angstreaktion im Körper auslösen.

Die Erinnerung an diese Situation ist dem späteren Erwachsenen vielleicht nicht mehr bewusst, doch die Gefühle der Angst und Unzulänglichkeit sind im Unterbewusstsein gespeichert. Wird ein bestimmter Knopf gedrückt, dann spult das Unterbewusstsein das hierfür angelegte Gefühls- und Verhaltensprogramm ab. Tatsächlich finden 90 % der Handlungen und Sprechakte in unserem Alltag ohne das Zutun unseres Bewusstseins statt. Wir sind klassische Gewohnheitstiere. Um also eine Veränderung in Ihrem Sein zu bewirken und etwas anders zu machen als bisher, müssen Sie in eine Stelle dieses Kreislaufs - Gedanken, Gefühle oder Verhalten - eingreifen und sie bewusst verändern. Es gilt, neue Positivspiralen zu etablieren.

Die Sprache unseres Unterbewusstseins
Neurobiologisch gesehen ist das Gehirn in verschiedene Zentren aufgeteilt, die unterschiedliche Aufgaben übernehmen. Der vordere Teil, der präfrontale Cortex, ist vornehmlich für die bewussten Gedanken

und Handlungen zuständig. So nutzen Sie beispielsweise, wenn Sie Situationen beurteilen oder rationale Entscheidungen treffen, dieses vergleichsweise langsame System.

Der präfrontale Cortex steuert diese höheren kognitiven Prozesse wie Problemlösung, indem er Gedächtnisinhalte mit Emotionen integriert. Das Limbische System ist das sogenannte schnelle System, das vorwiegend für Gefühle verantwortlich ist und Menschen im Laufe der Evolution durch instinktives Verhalten vor Notsituationen bewahrt hat. Menschen verfügen demzufolge über eine Intuition, die auf die im Unterbewusstsein gespeicherten Erfahrungen beruht und die sich durch spontane Impulse und Eingebungen meldet.

Möchten Sie also die tiefen Überzeugungen, die in Ihrem Unterbewusstsein einprogrammiert sind, verändern, um Ihr wahres Ich freilegen zu können, brauchen Sie Werkzeuge, die die Sprache des Unterbewusstseins ansprechen. Das Unterbewusstsein spricht in Bildern, Gefühlen, Farben und Formen. Bei den in diesem Buch aufgeführten Übungsaufgaben werden Sie häufig mit Ihrer Vorstellungskraft arbeiten. Allein dadurch, dass Sie sich vorstellen, sich anders zu fühlen, geben Sie Ihrem Unterbewusstsein die Möglichkeit, das als Ihre neue Realität anzusehen.

Selbstliebe stärken

VERANTWORTUNG ÜBERNEHMEN – ICH ENTSCHEIDE MICH DAFÜR, GLÜCKLICH ZU SEIN

Sich selbst lieben zu können, ist eine Entscheidungsfrage

Die Entscheidung, sich selbst anzunehmen und ein selbstbestimmtes Leben zu führen, liegt bei einer einzigen Person und das sind Sie. Niemand anderes wird von außen kommen und Ihnen die Erlaubnis geben, dass Sie von nun an endlich so sein dürfen, wie Sie sind, weil Sie eine wahnsinnig liebenswerte Persönlichkeit sind. Sie müssen in Ihrem Innersten verstehen, dass Sie die Anerkennung Ihrer Person von nun an selbst übernehmen werden. Falls Sie eine Erlaubnis dafür brauchen, sich als liebenswert zu erachten, dann sehen Sie dieses Buch als Starterlaubnis. Sie sind liebenswert!

Menschen mit einem geringen Selbstwertgefühl neigen dazu, die Verantwortung für ihr Leben aus ihren eigenen Händen zu geben. Geschehnisse und Gefühle werden äußeren Einflüssen zugeschrieben. Positive Ereignisse und Erfolge sehen sie nicht als Resultat ihres eigenen Könnens oder Wissens, sondern als selbstverständliches Ergebnis der Begebenheiten oder den Einfluss anderer Personen an. Typische Gedankengänge sind „Die Umstände waren einfach günstig, da habe ich mal wieder richtig Glück gehabt." oder „Der Chef hatte heute so gute Laune, dass er mich gelobt hat.".

Umgekehrt werden negative Ereignisse häufig auf das Versagen der eigenen Fähigkeiten zurückgeführt und betroffene Personen fühlen sich dann in ihrem fundamentalen Glauben, unzulänglich zu sein, bestätigt. Sie tendieren dazu, einzelne Rückschläge auf das Versagen ihrer allgemeinen Persönlichkeit zu beziehen, anstatt Verantwortung dafür zu übernehmen, was sie konkret verändern könnten, um bei der nächsten Gelegenheit einen Erfolg zu erzielen. Menschen, die die Verantwortung über ihre Gefühle abgeben, klagen häufig über die äußeren Zustände, den Arbeitgeber, die anderen oder die Politik. Wer Verantwortung für sich selbst übernimmt, ist dagegen in der Lage, sich Problemen und negativen Gefühlen zu stellen und eigenständig nach Lösungen zu suchen.

Ein weiteres Anzeichen dafür, dass Menschen es meiden, Verantwortung für sich selbst und ihr persönliches Glück zu übernehmen, ist das Vermeiden, kraftvolle Entscheidungen zu treffen. Sie schieben kleine und auch größere Entscheidungen an den vielen Scheidepunkten in ihrem Leben so lange auf, bis sie entweder durch äußere Rahmenbedingungen dazu gezwungen werden, eine Wahl zu treffen oder sie warten ab, bis sich die Sache durch zufällige Geschehnisse „von selbst klärt". Sie wissen einfach nicht, was sie selbst wollen.

Die Wahrheit ist, dass sie es nicht wissen wollen, weil dies in den meisten Fällen bedeuten würde, dass sie für sich einstehen und ihre ganz persönlichen Wünsche vor anderen verantworten müssten. Das ist eine Verantwortung, die sie sich selbst nicht zutrauen.

Übung: Wofür übernehme ich Verantwortung? (ca. 30 Minuten)

Nehmen Sie sich einen Zettel und einen Stift zur Hand.

1. Malen Sie einen Kreis auf einen Zettel und teilen Sie diesen in Tortenstücke ein, die die einzelnen Bereiche in Ihrem Leben widerspiegeln, z. B. Partnerschaft, Sozialleben, Beruf, Gesundheit, Hobbies, Spiritualität.

2. Schließen Sie nun die Augen und stellen Sie sich bei jedem einzelnen Tortenstück die Frage, „Bin ich in diesem Bereich meines Lebens glücklich und erfüllt?". Fühlen Sie in sich hinein und spüren Sie, wie viel Luft nach oben in diesem Bereich ist. Malen Sie das Tortenstück aus. Je zufriedener Sie sind, desto voller.

3. Schauen Sie sich nun die Bereiche in Ihrem Leben an, in denen Sie noch unzufrieden mit dem Ist-Zustand sind. Stellen Sie sich nun folgende Frage: „Übernehme ich Verantwortung für diesen Bereich? Und wenn nicht, was hindert mich daran?"

BEFREIEN SIE SICH AUS DER OPFERROLLE

Das Leben in der selbstgewählten Opferrolle ist nicht nur äußerst unzufriedenstellend, sondern auch ein heftiger Zug gegen sich selbst. Menschen, die sich ungerecht behandelt oder übervorteilt fühlen und ständig die Schuld bei anderen oder dem Schicksal suchen, achten ihre eigene Stärke nicht. Nach getroffenen Entscheidungen bleiben sie mutlos und unglücklich zurück, weil sie sie nicht durch ihre eigene Entschlusskraft und Verantwortung getroffen haben, sondern sie das Steuerrad ihres Lebens an jemanden anderen abgegeben haben.

Wenn es Ihnen schwerfällt, Ihre Opferrolle zu verlassen, kann es Ihnen weiterhelfen aufzudecken, welche inneren Überzeugungen Sie zu dem Thema Verantwortung einprogrammiert haben. Welche Gefühle und Gedanken kommen in Ihnen auf, wenn Sie sich vorstellen, Verantwortung für sich selbst, Ihrem Leben und die Liebe zu Ihnen selbst zu übernehmen? Häufige blockierende Denkmuster sind „Es ist anstrengend.", „Ich bin zu schwach." und „Nur starke und selbstsichere Menschen können sich selbst lieben/Verantwortung für ihr Leben übernehmen.".

Hinzu kommt die Angst vor der eigenen wahren Stärke und die Ungewissheit, ob man der Verantwortung und den damit einhergehenden Herausforderungen wirklich gewachsen ist.

An dieser Stelle ist es wichtig zu verstehen, dass es für Sie vermutlich bequem ist, in der Opferrolle zu bleiben. Sie müssen nicht aktiv handeln, eingreifen oder sich davor fürchten, sich mit der Meinung anderer anzulegen. Sie bleiben einfach weiterhin passiv ein Spielball ihrer Mitmenschen. Vielleicht fühlen Sie sich auch moralisch überlegen, weil es Ihnen das Gefühl gibt, ein besserer Mensch zu sein, wenn Sie anderen überlassen, die Fehler zu machen und der Sündenbock zu sein.

Oder aber es ist der versteckte Wunsch nach Bestätigung und Mitgefühl, das Sie sich erhoffen, wenn Sie sich im Gespräch mit anderen im Selbstmitleid baden. Egal, welchen Vorteil es momentan für Sie birgt, sich als Opfer anzusehen, machen Sie sich bewusst, welchen Gewinn Sie haben werden, wenn Sie von nun an selbstverantwortlich für sich einstehen und aktiv werden. Langfristig wird es Ihr Selbstwertgefühl ungemein stärken.

Wie Sie sich aus der Opferrolle befreien:

• Werden Sie sich bewusst, wann Sie in die Opferrolle treten. Ist es nur in bestimmten Lebensberei-
chen oder nur gegenüber bestimmten Personen? (z.
B. auf der Arbeit, gegenüber den Eltern). Wie groß
ist ihr Einflussvermögen wirklich?

• Teilen Sie Ihre Gedanken, Wünsche, Bedürfnisse
und Gefühle Ihren Mitmenschen mit! Dadurch, dass
Sie sie laut aussprechen, stehen Sie im Raum und Sie
dürfen üben, Verantwortung dafür zu übernehmen.

• Fragen Sie sich bei Problemen und negativen Gefühlen, „Was kann ICH tun, damit es mir besser
geht?"

• Erlauben Sie sich, vor anderen nicht perfekt zu sein
und Fehler zu machen. Sie sind menschlich. Das
nimmt Ihnen die Angst, aktiv zu werden.

SELBSTANNAHME – ICH BIN DIE, DIE ICH BIN UND DAS IST GUT SO

Radikale Selbstannahme

Der erste Schritt zur Selbstliebe ist die radikale Selbstannahme. Genau so, wie Sie gerade sind, sind Sie vollkommen richtig – mit all Ihren positiven und negativen Seiten. Menschen mit einem starken Selbstwertgefühl erkennen Sie daran, dass sich diese sowohl über ihre Stärken als auch ihre Schwächen bewusst sind und sich nicht davor scheuen, diese vor anderen preiszugeben.

Sie sind sich Ihrer selbst bewusst und wissen um Ihren eigenen unantastbaren Wert. Im Vergleich dazu schämen sich Menschen mit einem geringen Selbstwertgefühl häufig für die unterschiedlichsten Anteile an ihnen selbst. Sie glauben, nicht schön genug zu sein, um sich schön fühlen zu dürfen, nicht schlau genug zu sein, um sich in Gesprächen einzubringen zu können, nicht kreativ genug zu sein, um eigene Projekte umzusetzen oder nicht selbstsicher genug zu sein, um vor anderen ihre Meinung vertreten zu dürfen. Sie haben Angst, nicht perfekt zu sein und zu versagen. Und das Schlimmste: Sie schämen sich dafür, diese Ängste, Schwächen und Unsicherheiten zu haben und werden Meister darin, diese zu verdecken. Sie haben ein verstärktes Perfektionsstreben, bleiben in Beziehungen zu anderen Menschen emotional distanziert, verbiegen sich in alle Richtungen, um es anderen recht zu machen oder fühlen sich gehemmt und gelähmt.

Sie tun alles dafür, um ihre vermeintlichen Fehler, Schwachstellen und Unsicherheiten bloß nicht auffliegen zu lassen. Diese Angst vor der Offenbarung der eigenen Schwächen verstärkt sich, wenn diese Menschen ihren Wert von der Anerkennung im Außen abhängig machen. „Wenn die anderen sehen, dass ich gar nicht so gut bin, dann werden sie sich gegen mich entscheiden und mich nicht lieben."

Wenn Sie sich darin wiederfinden und sich ungenügend und unsicher fühlen, dann nehmen Sie diese Eigenschaft an! Sagen Sie zu sich selbst: „Ja, so ist es. Ich bin unsicher." Es ist ein unglaublich kräftezehrender Kampf, den Sie mit sich selbst führen, wenn Sie Ihre eigene Unsicherheit nicht ansehen und akzeptieren wollen und in ständiger Hut sind, diese zu verstecken. Stellen Sie sich vor, Sie würden den Müllsack vor Ihrer Haustür ignorieren und so tun, als wäre er nicht da. Er würde nie verschwinden. Erst wenn Sie akzeptieren, dass vor Ihrer Haustür ein stinkender Müllsack steht, sind Sie fähig, ihn in die Hand zu nehmen und in die Tonne zu werfen. Genauso ergeht es Ihnen, wenn Sie sich dazu bereiterklären, sich Ihren Unsicherheiten und Ängsten bewusst zu werden. Sie werden erst dann bereit sein, sich von ihnen zu lösen, wenn Sie sie als Teil von Ihnen akzeptieren.

Übung: Bedingungslose Liebe stärken
(ca. 20 Minuten)

Nehmen Sie sich bitte einen Zettel und einen Stift zur Hand.

Sie können diese Übung entweder rückblickend oder, wenn es Ihnen möglich ist, direkt in den jeweiligen Situationen durchführen, in denen Sie sich unzulänglich und unsicher fühlen oder ein unspezifisches negatives Gefühl in Ihrem Körper empfinden. Sich den eigenen Gedanken bewusst zu werden, ist ein Schlüssel zur Auflösung der negativen Überzeugungen, die Sie über sich haben.

1. Was fühlen Sie?

z. B. Luftnot, Herzklopfen, Druck auf dem Brustbereich

-> Angst, Verunsicherung, Zweifel

2. Was denken Sie gerade?

Ich habe das nicht gut genug gemacht.

Das war schlecht. Ich bin falsch.

Ich bin nicht liebenswert.

3. Kommen Sie in eine aufrechte, selbstbewusste Körperhaltung und sagen Sie laut zu sich:

„Auch wenn ich das Gefühl habe, etwas nicht gut genug gemacht zu haben, liebe und akzeptiere ich mich so, wie ich bin."

Schwächen anerkennen

Schwächen machen Sie nicht zu einem weniger wertvollen Menschen. Ihr Wert und Ihre Würde sind unantastbar. Lernen Sie die Überzeugungen über sich selbst, die hinter Ihrer Unsicherheit und Ihren Ängsten stehen, kennen. Oftmals wachsen Kinder mit der Überzeugung auf, dass sie keine Fehler machen, nicht schlecht und unartig sein oder nicht zur Last fallen dürfen, weil ihnen dann die Liebe und die Bestätigung der Richtigkeit ihrer Person verweigert wird. Es ist fatal, wenn Kinder diese Überzeugungen bis in ihr Erwachsenenleben tragen. Als Erwachsener ist es nun Ihre Aufgabe, sich selbst zu erlauben, schwach zu sein und Fehler machen zu dürfen. Sie dürfen scheitern und versagen. Sie dürfen Ängste haben, die Menschen in Ihrem Umfeld vielleicht belächeln. Stehen Sie zu sich und verachten Sie sich selbst nicht auch noch. Sie sind Ihre wichtigste Ressource für Liebe und Bestätigung.

In der Regel werden Ihre Mitmenschen Sie sogar dafür schätzen, dass Sie Ihr Empfinden offen äußern und authentisch bleiben. Denn damit geben Sie auch den anderen die Chance, Seiten von sich zu zeigen, die vielleicht eine Angriffsfläche bieten könnten. Wenn Menschen in Ihrem Umfeld merken, dass Sie liebevoll mit sich umgehen, obwohl Sie nicht perfekt sind, werden sie Ihnen vertrauen und sich Ihnen verbunden fühlen.

Jeder hat Anteile, von denen er glaubt, dass sie gesellschaftlich nicht angesehen sind, doch in Wahrheit sehnen sich alle Menschen danach zu spüren, dass sie trotz ihrer Unsicherheiten richtig sind. Mit der untenstehenden Übung werden Sie lernen, sich zu lieben und zu akzeptieren, auch wenn Sie in Ihren

Augen etwas nicht gut genug gemacht haben.

Mit der Zeit werden Sie spüren, dass es nichts gibt, wofür Sie sich schämen müssten, denn Sie werden sich Ihrer Liebe sicher fühlen, was auch immer Sie machen. Mit dieser Einsicht werden Ihre vermeintlichen Schwächen keine Schwächen mehr sein, sondern etwas, mit dem Sie kompetent umzugehen wissen.

Übung – Ich akzeptiere meine Schwächen (ca. 30 Minuten).
Nehmen Sie sich bitte einen Zettel und einen Stift zur Hand.
1. Ergänzen Sie bitte die folgenden Sätze:

„Meine schlechten Eigenschaften sind…"
„Was ich an mir am wenigsten leiden kann, ist…"
„Ich habe ein Problem damit, …"
„Ich schäme mich dafür, dass ich…"
„Ich fühle mich anderen unterlegen, wenn ich…"

2. Sehen Sie sich Ihre Schwächen schwarz auf weiß an. Wie fühlen Sie sich damit? Sind Sie vielleicht traurig, bestürzt oder sogar erleichtert? Lassen Sie

alle Gefühle zu.

3. Ziehen Sie nun eine Linie unter Ihre Schwächen und schreiben Sie darunter, „Ich akzeptiere meine Schwächen als einen Teil von mir. Ich muss nicht perfekt sein. Ich darf für meine Schwächen geliebt werden."

Stärken anerkennen

Menschen mit einem geringen Selbstwertgefühl sind sehr gut darin, sich zu sehr auf ihre Schwächen zu fokussieren und sich darum zu bemühen, diese nicht auffliegen zu lassen. Gleichzeitig fällt es ihnen schwer zu erkennen, was überhaupt ihre Talente und Stärken sind. *Ein Talent? So etwas habe ich nicht.* In der Psychologie spricht man von einer gestörten Selbstwahrnehmung.

Die Wahrheit ist, dass jeder von uns Neigungen, Tätigkeiten und Interessen hat, in denen er gut ist oder die in ihm eine andere Leidenschaft wecken als in anderen Menschen. Ein häufiger Grund, warum es Menschen schwerfällt, ihre eigenen Stärken zu erkennen, ist der Automatismus und die Selbstverständlichkeit, mit denen sie diese Stärken leben. Sie sind sich ihrer Stärken gar nicht mehr bewusst, weil sie für sie Normalität sind. Es gibt aber auch Glaubenssätze, die darauf hindeuten, dass ein Mensch sich selbst darin boykottiert, die eigenen Stärken anerkennen zu wollen, beispielsweise „Ich kann nichts so richtig gut. Es gibt andere, die viel besser darin sind.", „Das kann doch jeder, ist doch selbstverständlich." und „Das ist keine richtige Stärke.".

Wenn es Ihr Anspruch an Sie selbst ist, in Ihren Stärken äußerst gut oder gar perfekt zu sein, bevor Sie sie anerkennen und sich vor anderen damit zeigen können, dann bitte ich Sie, dass Sie sich einmal folgendes Gedankenexperiment vornehmen: Stellen Sie sich vor, Sie würden diesen Anspruch an die gesamte Menschheit stellen.

Wie viele Menschen würden Ihrer Meinung nach übrigbleiben, die dann noch von sich behaupten könnten, sie hätten eine Stärke? Null. Denn glauben Sie mir, niemand ist perfekt. Und stellen Sie sich vor, wie viel Potential, kreative Ideen, Kraft und Tatendrang verloren gehen würden, wenn der Anspruch wäre, dass jeder schon perfekt in etwas ist, bevor er seine Stärke mit der Welt teilt. Also lassen Sie diesen blockierenden Anspruch los und trauen Sie sich, Ihre Stärken auch wirklich als Stärken zu betrachten.

Stärken sind etwas, worin Sie gut sind, aber auch, worin Sie noch besser werden können. Sie zeichnen sich dadurch aus, dass Sie Spaß daran haben, die Tätigkeit auszuüben und dass Sie gute Ergebnisse erzielen, ohne zu viel Kraft aufwenden zu müssen. Im Gegensatz zu erlernten Fähigkeiten und Fertigkeiten werden Sie bei Ihren Stärken von einer intrinsischen Motivation angeleitet. Sie fühlen sich ganz wie Sie selbst, wenn Sie ihnen nachgehen und sind voller Energie, wenn Sie dazulernen wollen.

Fragen, um die eigenen Stärken herauszufinden:
- Was geht mir spielerisch leicht von der Hand?
- Was konnte ich schon als Kind sehr gut?
- Welche Aufgaben übernehme ich fast automatisch mit großer Freude?
- Welche Aufgaben erledige ich meist sofort?
- Wann habe ich das Gefühl, in einen Flow zu kommen und die Zeit zu vergessen?
- Welche Tätigkeiten geben mir sogar Energie?

Ganz wichtig ist, dass Sie offen sind, jede Ihrer Stärken wirklich anzuerkennen! Egal, wie außergewöhnlich oder nichtig sie Ihnen vorkommen mag.

Bei Einwänden spricht der innere Kritiker in Ihnen, der Ihnen einreden möchte, dass Ihre ganz eigenen Neigungen und Stärken zu unnütz oder zu unbedeutend sind, um Ihnen beispielsweise im beruflichen Leben behilflich zu sein oder einen wirklichen Beitrag damit leisten zu können.

Widersprechen Sie Ihrem inneren Kritiker. Jede Stärke ist nicht nur berechtigt, sondern auch wertvoll und wichtig. Die einzigartige Kombination aller Ihrer Fähigkeiten und Ihre persönliche Art und Weise, diese auszuüben, auszudrücken und zu vermitteln, sind von unglaublich großem Wert.

AUTHENTISCH KOMMUNIZIEREN - „NICHT ALLES, WAS ECHT IST, WILL ICH SAGEN, ABER WAS ICH SAGE, SOLL ECHT SEIN."

Die Erlaubnis, Sie selbst sein zu dürfen, ist ein unglaublicher Befreiungsschlag. Sie werden verstehen, dass es unnötig viel Energie kostet, sich anders zu geben, als Sie sind und dass sich dieser Energieaufwand für das, was Sie meinen zu bekommen – die Zustimmung und Anerkennung anderer – nicht auszahlt. Authentisch sein heißt auch, dass Sie frei heraus sagen, was Sie denken, meinen und empfinden. Sie dürfen Ihre eigene Meinung haben und diese äußern! Sie dürfen Ihre eigene Wahrnehmung haben und diese äußern! Das ist sogar gewünscht. Je mehr Sie von Ihrer Innenwelt wahrnehmen und Ihre Bedürfnisse und Meinungen nach außen kommunizieren, desto einfacher machen Sie es Ihren Mitmenschen, Sie zu verstehen und angemessen auf Sie einzugehen.

Sie werden intensiver mit anderen in Kontakt treten können sowie ehrliche und echte Beziehungen aufbauen, die von Wertschätzung und Vertrauen geprägt sind. Natürlich können Sie nicht in jeder Form der Beziehung mit dem gleichen Maß an Offenheit kommunizieren. Bei einem Gespräch mit dem Chef werden Sie sich intuitiv ein wenig mehr zurückhalten als bei einem Gespräch mit einem Freund. Doch es sollte stets der Grundsatz eingehalten werden, dass das, was Sie sagen, auch mit Ihrem Innenleben übereinstimmt und auch echt sein soll.

Wie gelingt es Ihnen, authentisch zu kommunizieren?

1. Bleiben Sie bei zwischenmenschlichen Beziehungen und Gesprächen mit Ihrer Aufmerksamkeit bei Ihnen selbst! Ihre Empfindungen dürfen im Mittelpunkt Ihrer Wahrnehmung stehen. Es ist nicht Ihre Verantwortung, sich um die Gefühle anderer zu kümmern. Ihre Mitmenschen machen sich ihre Gefühle ohnehin selbst, das liegt nicht in Ihrer Kontrolle. Nehmen Sie wahr, was das Geschehen oder das Gesagte in Ihnen selbst auslöst.

Wie fühle ich mich mit der Situation?

Was regt sich gerade in mir?

Spüre ich Widerstand oder Zustimmung?

Welches Bedürfnis habe ich?

2. Stehen Sie zu Ihren Gefühlen und Gedanken und äußern Sie Ihre Empfindungen und Ihre Ansichten mit Ich-Sätzen, selbst, wenn Sie sie noch nicht richtig für sich selbst einordnen können.

„Ich spüre, dass ich unsicher bin, auch wenn ich verstehe, dass es nichts gibt, wovor ich Angst haben müsste."

„Ich fühle mich nicht wertgeschätzt, wenn ich auf diese Art und Weise behandelt werde."

„Ich habe das Gefühl, dass ..."

„Ich würde mir wünschen, dass ..."

3. Bleiben Sie bei Ihrer Meinung, auch wenn Sie Gegenwind erfahren. Sonst geben Sie sich selbst das Gefühl, dass Ihre Meinung keinen Wert hat. Stehen Sie aber auch dazu, wenn Sie etwas einsehen und Ihre Meinung ändern.

4. Sagen Sie „Nein", wenn Sie Nein fühlen. Sagen Sie „Ja", wenn Sie Ja fühlen.

EMOTIONALE UNABHÄNGIGKEIT – ICH ENTSCHEIDE, WIE WERTVOLL ICH BIN

Erkennen Sie Ihren Wert

Bevor ich Sie in das Kapitel der emotionalen Unabhängigkeit führe, möchte ich Ihnen eine Frage stellen: Was gibt Ihnen das Gefühl, wertvoll zu sein? Gehen Sie in sich und notieren Sie, wenn Sie möchten, die Antworten auf einen Zettel. Hierbei gibt es kein Falsch oder Richtig und alle Bilder und Worte, die

Ihnen in den Kopf kommen, sind hilfreich. Mögliche Antworten auf diese Frage sind „die Zuneigung meines Partners zu spüren", „die Anerkennung meines Chefs" und „Wenn andere sehen, dass ich schlank und sportlich bin.". Was fällt Ihnen auf? Alle der hier genannten Beispiele sind Faktoren, die in Ihrem Äußeren liegen. Weder der eigene Partner, der Chef noch die anderen sind Faktoren, die in Ihrer Kontrolle liegen. Deshalb lautet die Antwort, die Sie sich fortan auf die Eingangsfrage geben sollten: „Ich! Ich gebe mir das Gefühl, wertvoll zu sein!"

Es ist eine unglaublich befreiende Erkenntnis, dass niemand im Außen diese Aufgabe jemals so gut für Sie erfüllen wird, wie Sie selbst es können. Das Gefäß mit der größten Liebe, die Sie sich vorstellen können, um Ihr Glas aufzufüllen, halten Sie in Ihren eigenen Händen. Anders gesagt, Sie sind die beste Quelle für die Liebe für sich selbst. Vielleicht wollen Sie diese Wahrheit nicht wahrhaben. Oder Sie wollen nicht wahrhaben, dass Sie diese Wahrheit nicht wahrhaben wollen.

Vielleicht fühlt sich diese Erkenntnis im ersten Moment falsch oder furchteinflößend an. Diese Angst ist verständlich. Menschen, die das Gefühl haben, nicht zu genügen, machen ihren Wert häufig von äußeren Faktoren abhängig, sei es die Bestätigung des Partners, die Aufmerksamkeit auf sozialen Plattformen, den beruflichen Leistungen, der Erscheinung ihres Körpers oder ihrem Status. Wenn ihnen das genommen werden sollte, fürchten sie spüren zu müssen, dass sie eigentlich gar keinen Wert haben. Das ist der entscheidende Drehpunkt, an dem Sie arbeiten können.

Sie sind im ständigen, wenn auch unbewussten Dialog mit sich selbst und spiegeln diesen im Außen wider. Wenn Sie innerlich glauben, Sie seien nicht liebenswert, dann werden Sie sich permanent an Menschen klammern, von denen Sie sich diese Anerkennung und Liebe erhoffen. Wenn Sie glauben, Sie seien nicht intelligent oder durchsetzungsfähig genug, um sich den Herausforderungen des Lebens zu stellen, suchen Sie unbewusst nach Personen, die genau das ausstrahlen, um Sie an die Hand nehmen zu können. Wenn Sie glauben, Sie müssten eine Leistung nach der anderen erbringen, damit Ihre Eltern stolz auf Sie sind, dann machen Sie sich emotional abhängig.

Typische Glaubenssätze von Menschen, die ihren Wert im Außen abhängig machen:

„Ich muss es den anderen recht machen, um geliebt zu werden."

„Ich muss machen, was mir meine Stellung in der Gesellschaft sichert."

„Ich muss perfekt sein."

„Ich darf nicht enttäuschen."

Möchten Sie abhängig und bedürftig sein oder vollkommen frei von anderen Menschen und Idealen? Vielleicht übersteigt es gerade noch Ihre Vorstellungskraft, dass Sie ein unendlich wertvoller Mensch sind, ganz unabhängig von dem, was Sie im Außen vollbringen oder wie im Außen auf Sie reagiert wird. Sie wägen sich in Sicherheit, solange Sie das Gefühl haben, der Bestätigung Ihrer Person sicher zu sein, indem Sie sich anpassen und aufopfern, perfekt und erfolgreich sind.

Gleichzeitig haben Sie eine große Angst davor, daraus auszubrechen und zu spüren zu bekommen, dass Sie vielleicht nicht genügen und abgelehnt werden. Werden Sie sich bewusst, dass Ablehnung und Liebe nichts an Ihrem Wert, der Ihnen wie ein unantastbarer Kern seit dem Zeitpunkt Ihrer Geburt geschenkt wurde, ändert. Ob Sie das glauben wollen oder nicht, ist eine Entscheidungsfrage!

In diesem Zusammenhang ist es wichtig zu wissen, dass Menschen auch als Erwachsene oftmals noch nach der Anerkennung ihrer Eltern oder früheren Bezugspersonen jagen, weil es an dieser in der Kindheit gemangelt hat. Trifft das auf Sie zu, führen Sie sich vor Augen, wie elendig und unstillbar dieser Durst ist.

Sie werden ein Leben lang nach einer Liebe und Anerkennung jagen, die Ihnen nie in dem Maße zugesprochen werden kann, wie Sie es für Ihre Befriedigung bräuchten. Es kann gut sein, dass Sie in Ihrer Kindheit Momente erlebt haben, in denen Sie gespürt haben, dass Sie nicht von Bedeutung, ohne Wert oder eine Last für andere sind. Dass Sie schlichtweg nicht gut sind, wie Sie sind, um geliebt zu werden. Dies passiert häufig, wenn sich Kinder in subjektiv empfunden ausweglosen Situationen der Ablehnung oder Kritik wiedergefunden haben und weder fliehen noch kämpfen konnten. „Wenn Mama und Papa mich so behandeln, dann habe ich wohl keinen Wert.", „Wenn ich nicht schlecht sein darf und keine Fehler machen darf, dann bin ich so, wie ich bin, wohl nicht gut genug.".

Da Sie sich diese Wunden als Schutzmechanismus selbst zugefügt haben, können Sie sie auch selbst heilen. Sie können das Bedürfnis nach Liebe, Wertschätzung, Ermutigung, Bestärkung, Trost und Geborgenheit selbst füllen. Sie können nicht nur, sondern es ist Ihre Pflicht! Als Erwachsene entscheiden einzig und allein Sie, ob sie wertvoll und richtig sind, wie Sie sind. Und wenn Sie das verinnerlicht haben, wartet ein freies und erfülltes Leben auf Sie.

An diesem Punkt stellt sich Ihnen vielleicht die Frage, wie Sie sich selbst Wertschätzung und Liebe geben sollen, wenn Sie sie einfach nicht für sich selbst empfinden können. Es ist wie die Pflege einer Beziehung, in die Sie investieren müssen. Verlieben Sie sich neu in sich. Hierbei kann es helfen zu visualisieren, wie Sie sich selbst als kleines Baby in den Arm nehmen und mit liebevollen Augen betrachten.

Dieses kleine Wesen ist nicht perfekt und leistet nichts, aber Sie können nicht anders, als bedingungslose Liebe empfinden. Und diese tiefe und innige Liebe dürfen Sie sich auch als Erwachsener spenden. Achten Sie auf den Dialog, den Sie mit sich selbst führen. Niemand verlangt von Ihnen, dass Sie hart und streng mit sich sind. Also seien Sie es nicht. Fragen Sie sich immer wieder, wie Sie mit Ihrer besten Freundin oder eigenen Tochter sprechen würden. Sie wären geduldig und verständnisvoll, richtig?

SELBSTFÜRSORGE – ICH FÜLLE MEIN GLAS SELBST

Zu einer gesunden Selbstachtung gehört, dass Sie selbst die Verantwortung dafür übernehmen, dass es Ihnen gut geht. In der Praxis bedeutet das, dass Sie lernen, die Sprache Ihrer Bedürfnisse erstens zu verstehen und sich zweitens aufmerksam und wohlwollend um sie zu kümmern. Sie können nicht erwarten, dass andere diese Aufgabe für Sie übernehmen werden. Kümmern Sie sich um sich selbst und seien Sie Ihre eigene beste Freundin, Ihr eigenes ermutigendes Elternteil und Ihr eigener hingebungsvoller Partner. Sie können darauf vertrauen, dass alle Ressourcen, die Sie dafür brauchen, bereits in Ihnen liegen.

Verstehen Sie die Sprache Ihrer Bedürfnisse

Sie gähnen, fühlen sich matt, können sich nur noch schlecht konzentrieren und Ihre Augen fallen zu. Es ist eindeutig, Sie sind müde. Wenn Ihr Mund trocken ist und Sie sich wie benebelt fühlen, haben Sie Durst und sobald Ihr Magen laut grummelt, wissen Sie, Sie haben Hunger. Sie nehmen Ihre körperlichen Bedürfnisse nach Schlaf, Wasser, Nahrung, Bewegung oder Ruhe in Ihrem Körper wahr. Doch auch Ihre emotionalen Bedürfnisse äußern sich durch Empfindungen in Ihrem Körper. Ist ein emotionales Bedürfnis nicht erfüllt, äußert sich das häufig durch Angst, Anspannung, Unruhe oder Erschöpfung in Ihrem Körper. Sind Ihre emotionalen Bedürfnisse dagegen erfüllt, haben Sie Gefühle der Unbefangenheit und Lebensfreude.

Der Schlüssel also, um Ihre Bedürfnisse verstehen und ihnen mit einer angemessenen Antwort entgegenzukommen, liegt in der Achtsamkeit für Ihre Emotionen und einem bewussten Körpergefühl. Jede Emotion in Ihnen trägt eine Botschaft, die von Ihnen geöffnet und gelesen werden will. Üben Sie sich darin, sich immer wieder von der Außenwelt abzugrenzen, in sich hineinspüren und sich zu fragen, welche Emotionen Sie gerade wahrnehmen können.

Ist es wohlig warme Zufriedenheit? Sind es kribbelnde Glücksgefühle? Ist es beklemmende Angst oder das zehrende Bedürfnis nach Liebe und in den Arm genommen zu werden?

Es kann sein, dass Sie sich über die Jahre antrainiert haben, einige Emotionen und damit auch Bedürfnisse entweder als unwichtig abzutun und zu ignorieren oder sie gar nicht mehr bewusst wahrzunehmen. Es gibt Menschen, die ihre eigenen Bedürfnisse missachten, weil sie nicht dem Ideal entsprechen, das sie von sich haben wollen. Sie wollen immer die produktive und leistungsstarke Powerfrau sein und erlauben sich nicht, sich Auszeiten zu nehmen und sich auszuruhen. Sie wollen stark sein und anderen nicht zur Last fallen und erlauben sich nicht, sich schwach zu fühlen oder zu weinen.

Das Problem unterdrückter Emotionen ist, dass die Bedürfnisse, die dahinterstehen, nicht in der Art und Weise angesehen werden, wie sie es verdient hätten. Sie dürfen lernen, dass keine Emotion in Ihnen und keines Ihrer Bedürfnisse ohne Grund da ist. Jede Emotion und jedes Bedürfnis haben eine Daseinsberechtigung. Sie dürfen lernen, dass Ihr Körper und Ihr wahres inneres Ich sehr genau wissen, was Ihnen gerade guttut.

„Jede Emotion darf da sein."

„Jedes Bedürfnis darf da sein."

„Ich bin wertvoll, egal wie ich mich fühle."

„Ich bin wertvoll, egal welches Bedürfnis ich habe."

Übung im Alltag: Was brauche ich gerade?

Um den inneren Kontakt zu Ihren Bedürfnissen und Ihr Körpergefühl zu stärken, gibt es eine wunderbare kurze Achtsamkeitsübung, die Sie in Ihren Alltag einbauen können. Besonders effektiv ist es, wenn Sie diese mehrmals am Tag durchführen. Hierfür können Sie sich auch eine Erinnerung in Ihrem Handy einstellen.

1. Wenn es Ihnen möglich ist, ziehen Sie sich kurz zurück oder schließen Sie für einen Moment die Augen. Wenn Sie mit Menschen zusammenarbeiten, können Sie die Übung auch auf der Toilette durchführen. Spüren Sie in Ihren Körper hinein. Was nehmen Sie wahr? Wo in Ihrem Körper ist das Gefühl lokalisiert?

2. Fragen Sie sich, „Was brauche ich gerade, um mich jetzt so richtig wohlzufühlen?", oder, „Liebe

(Emotion), was möchtest du mir sagen?". Der erste Impuls ist meist der Richtige.

3. Kümmern Sie sich anschließend direkt um das Bedürfnis oder verlegen Sie es auf einen späteren, günstigeren Zeitpunkt. Oftmals ist das Bedürfnis allein dadurch erst einmal zufriedengestellt, indem Sie ihm die ihm gebührende Aufmerksamkeit schenken.

Lernen Sie Ihre Kraftquellen kennen

Nachdem Sie gelernt haben, dass Emotionen die Sprache Ihrer Bedürfnisse sind, ist es jetzt an der Zeit, Mittel und Wege zu finden, wie Sie Ihre Emotionen regulieren und das Bedürfnis dahinter auf eine Ihnen angemessene Art und Weise stillen können.

Wenn Sie sich darauf verlassen können, mit jeder einzelnen Ihrer Emotionen klarzukommen und Ihre psychischen Bedürfnisse befriedigen zu können, werden Sie mit einem stabilen Selbstvertrauen durch Ihr Leben gehen. Sie werden keine Angst mehr haben, sich in Situationen zu begeben, die unangenehme oder ängstliche Gefühle in Ihnen erzeugen könnten, weil Sie wissen, wie Sie sich selbst auffangen können.

Hierfür ist es ratsam, Ihre persönlichen Ressourcen

herauszufinden und zu stärken. Ressourcen sind Kraftquellen, die Ihnen dabei helfen, mit jeder Situation, jeder Emotion und jedem Bedürfnis in Ihrem Leben zurechtzukommen. Aus Ihren Ressourcen können Sie alles schöpfen, was Sie dafür brauchen, um ein für Sie zufriedenstellendes und erfülltes Leben gestalten zu können. Ressourcen können Ihre ganz persönlichen Charaktereigenschaften und Fähigkeiten sein, Ihre Art und Weise zu denken oder sich zu verhalten. Hobbys oder größere Ziele und Überzeugungen, für die Sie in Ihrem Leben eintreten, können gute Kraftquellen sein, genauso wie die Zugehörigkeit zu einer Gruppe, einem Verein oder einer Religion. Auch die Natur oder Erinnerungen aus der Vergangenheit und nicht zuletzt die Menschen in Ihrem sozialen Umfeld können Kraftquellen sein.

Fragen, um Ihre Kraftquellen herauszufinden:

1. Was in Ihrem Leben gibt Ihnen Kraft?

2. Wann fühlen Sie sich mit sich selbst verbunden und in Frieden?

3. Was haben Sie schon in Ihrer Kindheit gerne

gemacht?

4. Was hat Ihnen bei vergangenen schwierigen Situationen geholfen?

Gute Erste-Hilfe-Maßnahmen für die Regulation von insbesondere negativen Emotionen sind Achtsamkeitsübungen und Meditationen, Visualisierungsübungen oder konkrete Tätigkeiten, die die Energie des negativen Gefühls in ein positives Gefühl umwandeln können. Im nächsten Kapitel werden Ihnen unterschiedliche Werkzeuge für die häufigsten emotionalen Bedürfnisse angeboten. Nutzen Sie diese als Inspirationsquelle, doch seien Sie frei, Ihre eigenen Kraftquellen zu definieren und individuelle Werkzeuge zu entwickeln.

Das Bedürfnis nach Sicherheit – „Ich fühle mich verloren"

Das Bedürfnis nach Sicherheit ist eines der grundlegendsten, das Menschen kennen. Menschen sehnen sich evolutionär bedingt nach Schutz, Klarheit und Verlässlichkeit, um sich in der unberechenbaren und schnelllebigen Welt orientieren zu können. Wenn Sie unsicher sind, fühlen Sie sich angespannt und verloren, so als würden Sie förmlich von dem Leben und Herausforderungen überwältigt und überrollt werden. Menschen sehnen sich nach Orientierung, Kontrolle und Voraussehbarkeit.

Meditation: Ihr innerer Ort der Sicherheit

Das Gefühl der Sicherheit finden Sie nur in Ihnen selbst. Schließen Sie die Augen und konzentrieren Sie sich auf Ihren Atem. Stellen Sie sich vor Ihrem inneren Auge nun einen Ort vor, an dem Sie sich rundum wohl und geborgen fühlen, einen Ort, an dem Ihnen nichts passieren kann. Dieser Ort kann real sein oder von Ihrer Fantasie erschaffen werden. Schauen Sie sich um. Was sehen, hören, riechen und spüren Sie? Sagen Sie sich, „Hier bin ich sicher.". Nehmen Sie sich so viel Zeit, wie Sie brauchen, um Ihr Bedürfnis nach Sicherheit aufzutanken, und kehren Sie in das Hier und Jetzt zurück.

Wenn Sie das Bedürfnis nach Sicherheit in Ihrem Alltag spüren und keine Möglichkeit der Meditation haben, können Sie sich einem Trick zunutze machen. Suchen Sie sich einen Gegenstand oder eine Eigenschaft aus, die Sie an Ihren persönlichen sicheren Ort erinnert, z. B. eine Muschel oder der Duft von

Pinienbäumen, wenn Sie einen Strand als Ihren inneren Ort gewählt haben. Halten Sie diesen Gegenstand bei der Meditation in der Hand oder konzentrieren Sie sich besonders auf die eine ausgewählte Eigenschaft.

Jedes Mal, wenn Sie sich nun im Alltag unsicher fühlen, rufen Sie sich „Muschel!" oder „Pinienbäume!" in Erinnerung. Ihr Unterbewusstsein wird sich an die Gefühle erinnern, die Sie mit dem sicheren Ort verknüpft haben, und Sie werden sich automatisch ein wenig entspannter fühlen.

Praktische Tipps:

- Schalten Sie für einen gewissen Zeitraum Ihr Handy aus und setzen Sie sich weniger äußeren Reizen aus.
- Finden Sie Wege, um sich zu erden. Machen Sie z. B. einen achtsamen Spaziergang in der Natur, bei dem Sie sich mit allen Sinnen darauf konzentrieren, was Sie wahrnehmen. Oder arbeiten Sie mit Ihren Händen in der Erde Ihres Gartens.
- Schreiben Sie alle Gedanken auf, die durch Ihren Kopf gehen. Die Sätze müssen keinen zusammenhängenden Sinn ergeben. Einmal niedergeschrieben, werden Sie aber ein Gefühl der Klärung verspüren.

Das Bedürfnis nach Bindung und Liebe –
„Ich fühle mich einsam."

Ein ungestilltes Bedürfnis nach Liebe kann sehr quälend sein. Sie spüren es durch ein inneres Gefühl der Leere und Einsamkeit, Sie fühlen sich kalt und mit der Welt unverbunden. Sie sehnen sich nach Nähe, Geborgenheit, Aufgehobensein und Vertrauen. Spüren Sie dieses Bedürfnis, spricht oftmals das verletzte innere Kind in Ihnen, das sich allein gelassen und nicht beachtet fühlt. Das wird zum Beispiel dadurch getriggert, wenn Sie sich durch Ihre Arbeit tagsüber unter Menschen begeben und abends durch das plötzliche Alleinsein „verlassen und ungeliebt" fühlen. Rational verstehen Sie, dass Sie nicht allein in Ihrem Leben sind, doch das Gefühl kommt aus Ihrem Unterbewusstsein und kann am besten durch die Sprache des Unterbewusstseins gestillt werden.

Da es Menschen mit einem geringen Selbstwertgefühl häufig schwerfällt, soziale Kontakte aufzubauen, kann das Bedürfnis nach Nähe aber auch aus einem realen mangelnden Zugehörigkeitsgefühl entspringen. Wenn das auf Sie zutrifft, ist die beste Lösung, dass Sie selbst die Initiative ergreifen, neue Menschen kennenzulernen.

Meditation

Schließen Sie die Augen und atmen Sie ein paar Mal tief ein und aus. Nehmen Sie wahr, wie Sie mit dem Boden unter Ihnen verbunden sind. Sie werden getragen und sind geborgen. Stellen Sie sich vor, wie eine jüngere Version von Ihnen selbst, Ihr Inneres Kind, neben Ihnen oder auf Ihrem Schoß sitzt. Schenken Sie diesem inneren Kind einen warmen, liebevollen Blick. Sagen Sie zu ihm, „Es ist okay, dass du dich nach Liebe und Geborgenheit sehnst. Ich liebe dich und werde immer für dich da sein." Wenn Sie möchten, können Sie Ihr inneres Kind liebevoll in die Arme schließen, seine Hand halten oder ihm behutsam über den Kopf streicheln. Tun Sie, was sich für Sie richtig anfühlt. Verabschieden Sie sich anschließend und kommen Sie in das Hier und jetzt zurück.

Praktische Tipps:

- Entwickeln Sie ein Selbstliebe-Ritual. Fragen Sie sich, „Wie kann ich mir selbst so richtig etwas Gutes tun?", "Wann fühle ich mich mit mir selbst verbunden?".

- Schreiben Sie sich einen Liebesbrief, in dem Sie sich selbst sagen, wofür Sie Ihnen dankbar sind und was

Sie an sich selbst mögen.

- Rufen Sie eine liebe Freundin an.

- Sprechen Sie liebevolle Wünsche für andere Menschen aus und spüren Sie das warme wohlige Gefühl in Ihrem Herzen. Sagen Sie am Ende zu sich selbst, „Diese universelle Liebe gilt auch mir!".

Das Bedürfnis nach Selbstwerterhöhung – „Ich mache keinen Unterschied."

Ein unbefriedigtes Bedürfnis nach Selbstwerterhöhung und Wertschätzung erkennen Sie daran, dass Sie sich unbedeutend und energielos fühlen. Es fehlt Ihnen an Motivation und Antrieb für Ihre Aufgaben und Sie betrachten sich selbst und Ihr Leben mit Gleichgültigkeit. Es fehlt Ihnen an Anerkennung und Wertschätzung für die Person, die Sie sind und das Geschenk, das Sie mit auf die Welt gebracht haben. Wenn Sie außerdem das Gefühl haben, übervorteilt zu werden und von anderen nicht genügend Beachtung geschenkt zu bekommen, fühlen Sie das an einem zugeschnürten Hals und angestauten Emotionen, die Sie nicht zum Ausdruck bringen. Lassen Sie das nicht zu, sondern lernen Sie selbst, Ihren Wert richtig einzuschätzen und Ihre Frau zu stehen.

Praktische Tipps:

- Schreiben Sie jeden Abend drei Erfolgserlebnisse auf: „Was habe ich heute gut gemacht?", „Worauf bin ich heute stolz?".

- Loben Sie sich laut, wenn Sie etwas gut gemacht haben - auch vor anderen. Loben Sie auch andere, um ein wertschätzendes Miteinander zu erschaffen.

- Vergegenwärtigen Sie sich immer wieder Ihren persönlichen Fortschritt. Schauen Sie darauf zurück, von wo Sie gekommen sind, welche Hürden Sie bereits gemeistert haben und wo Sie jetzt stehen.

- Ergreifen Sie die Initiative und suchen Sie sich aktiv Herausforderungen, mit denen Sie sich selbst das Gefühl geben, etwas geschafft zu haben oder es zumindest versucht zu haben. Sie können mit kleinen Herausforderungen anfangen, z. B. die Verkäuferin um Hilfe fragen, und mit Ihren Aufgaben wachsen.

- Verabreden Sie sich mit sich selbst. Tragen Sie diese Treffen mit Ihnen selbst wie andere Verabredungen in Ihrem Kalender ein. Planen Sie die Treffen mit solcher Hingabe, als ob Sie einen guten Freund treffen würden. Machen Sie etwas, das Sie glücklich macht, und lassen Sie nicht zu, dass etwas dazwischen kommt.

- Sagen Sie, was Sie denken, auch wenn es nicht der Meinung der anderen entspricht. Sie sind genauso wichtig wie alle anderen auch. Fürchten Sie sich zu sehr vor der Konfrontation, können Sie dies auch zuerst mit einem guten Freund üben.

SELBSTBESTIMMT LEBEN – MEIN LEBEN, MEINE REGELN

Kennen Sie Menschen, die so frei sind, das zu machen, was ihnen gefällt, ohne auf die Meinung anderer zu achten, die vielleicht sogar ein unkonventionelles Leben führen? Bei denen Sie förmlich spüren können, dass sie von ihrem Leben und dem, womit sie es füllen, begeistert sind. Vielleicht denken Sie jetzt, dass es dieser Art von Menschen von ihrer Natur aus leichter fällt, lebensfroh und voller Tatendrang zu sein. Man könnte aber auch sagen: Diese Menschen lieben sich selbst, denn sie sind es sich wert, auf ihre eigenen Vorlieben, Wünsche und

Träume zu achten.

Ich weiß nicht, was ich will

Das Schöne ist, dass Sie das Pferd auch von hinten aufsatteln können. Sobald Sie Ihr Leben im Einklang mit Ihren ganz eigenen wahren Werten leben, werden Sie sich automatisch mehr selbst lieben, denn Sie werden durch Ihre Taten und Entscheidungen das Gefühl geben, sich selbst mit Achtung zu begegnen. An dieser Stelle kann es gut sein, dass Sie sich fragen, was Sie sich überhaupt von Ihrem Leben wünschen.

Sie haben vielleicht die eine oder andere Vorstellung, aber Sie sagen sich trotzdem: Ich weiß nicht, was ich wirklich will. Dieses Phänomen ist nicht ungewöhnlich für Menschen mit einem geringen Selbstwertgefühl. Wenn Sie sich jahre-, vielleicht sogar jahrzehntelang darum bemüht haben, es allen recht zu machen, nur nicht Ihnen selbst, ist das nicht verwunderlich. Besonders Personen, die bereits in ihrer Kindheit gelernt haben, feinfühlige Antennen dafür zu entwickeln, womit sie sich in ihrem nahen Umfeld vor Ablehnung schützen und wofür sie Anerkennung bekommen, fällt es im Erwachsenenleben schwer, einen Kontakt zu ihrem Inneren aufzubauen. Als Kinder haben sie gelernt, Mama und Papa oder andere Bezugspersonen genau zu beobachten und zu verinnerlichen „Wenn ich so bin, dann ist Mama lieb.".

Diese Überanpassung führt dazu, dass sie nicht üben, ihren eigenen Willen zu erkennen und zu äußern und lässt sie als Erwachsene als Marionette ihres Umfeldes werden. Im schlimmsten Fall leben sie ein Leben, das ihrer Familie, ihren Freunden oder der Gesellschaft gefällt, aber ihre eigene Lebensfreude im Keim erstickt, ohne dass sie es wahrhaben wollen.

Im Prozess des Selbstliebe-Lernens ist es also von großer Bedeutung, dass Sie sich darüber bewusst werden, dass Sie die Hauptrolle in Ihrem Leben spielen, dass Sie die Fremdbestimmung entscheidend kappen und Ihre eigenen Wertvorstellungen, Ansichten und Wünsche kennenlernen. Was fühlt sich in Ihrem Leben nicht stimmig an? Was wollen Sie in Wahrheit wirklich? Welche Wahrheit wollen Sie sich nicht eingestehen? Sie brauchen sich nicht schlecht fühlen, wenn Sie nicht direkt eine Antwort auf diese Fragen finden.

In den Übungen dieses Kapitel werden Sie sich selbst

besser kennenlernen. Ihnen zuliebe bitte ich Sie, so radikal ehrlich zu sich selbst zu sein, wie Sie können. Sie tun es für sich! Es gilt zunächst aufzudecken, welche Werte Sie im Laufe Ihres Lebens von Bezugspersonen oder der Gesellschaft übernommen haben, obwohl es nicht Ihrem eigenen Ich entspricht. Erst wenn Ihnen bewusst wird, wie sehr Sie nach den Erwartungen anderer gelebt haben, können Sie sich davon lösen und ein freies, selbstbestimmtes Leben führen.

Übung – Fremdbestimmung aufdecken (ca. 20 Minuten)

Nehmen Sie sich für diese Übung bitte einen Zettel und einen Stift zur Hand.

1. Schreiben Sie bitte zunächst alles auf, was Sie glauben, sein zu müssen oder tun zu müssen. Vielleicht hilft Ihnen auch analog, sich bewusst zu werden, was Sie nicht sein dürfen oder tun dürfen. Oftmals sind wir uns diesen Gedanken nicht bewusst, aber sie spielen eine entscheidende Rolle dabei, wie wir tagtäglich unser Leben gestalten.

Ich muss einen sicheren Beruf haben.

Ich darf andere nicht in Stich lassen.

Ich muss ein Hobby haben, für das ich brenne.

2. Hinterfragen Sie nun die Anforderungen und Erwartungen, die Sie Tag für Tag an sich selbst und an Ihr Leben stellen. Wollen Sie das wirklich? Wessen Lebensvorstellung oder Ideal haben Sie eventuell von anderen übernommen?

Der innere Kritiker vs. meine Intuition

Um Ihre ganz persönlichen Kernwerte herauszufinden, hilft es, eine gute Verbindung zu Ihrer Intuition und Ihren eigenen Gefühlen aufzubauen. Wenn Kinder immer wieder Sätze gesagt bekommen, die das Vertrauen in sie selbst und ihre eigene Intuition infrage stellen, fangen sie an, ihrer eigenen inneren Stimme zu misstrauen und vermehrt der Stimme ihres inneren Kritikers zu folgen.

Es sind Sätze wie „Das macht man nicht.", „Übertreib nicht.", „Sei lieb." oder „So läuft das nicht.", die das Vertrauen in das, was sich für sie selbst richtig anfühlt, Stück für Stück abbauen. Kinder internalisieren die Meinungen, Ansichten und Erwartungen anderer, die ihnen durch die Erziehung und die Sozialisation mitgegeben werden, ohne dass sie sie als

Kinder mit einem reifen Verstand hinterfragen könnten.

Der innere Kritiker ist also Ihr moralischer Ordnungshüter. Er passt auf, dass Sie immer den äußeren Erwartungen entsprechen und die Zustimmung Ihrer Mitmenschen, besonders Ihrer Eltern, erfahren. Er ist die Stimme der Angst und des Mangeldenkens. „Wenn ich nicht den Erwartungen der anderen entspreche, erfahre ich keine Zustimmung und bin nicht liebenswert." Vielleicht haben auch Sie schon zu lange Ihr Leben danach ausgerichtet, was „richtig" und „vernünftig" war, anstatt auf Ihr Herz zu hören, was Ihnen eigentlich wirklich guttut. In diesem Fall gilt es herauszufinden, was sich für Sie richtig anfühlt und auf welche Weise Sie das in Ihrem Körper wahrnehmen können.

Wie können Sie Ihren eigenen Kernwerten auf die Schliche kommen?

Stellen Sie sich die Frage, in welchen Momenten in Ihrem Alltag Ihr Herz aufgeht. Erkennen Sie die Momente, in denen Sie sich glücklich, leicht und mit sich selbst verbunden fühlen, die Sie auf irgendeine Art und Weise bereichern und identifizieren Sie die Werte hinter genau diesen Momenten.

Es ist vollkommen ausreichend, wenn Sie mit vermeintlich unwichtigen und kleinen Momenten beginnen und diese in einem Tagebuch festhalten. Visualisieren Sie im Nachhinein, wie Sie sich in der jeweiligen Situation gefühlt haben, um in Ihrem Unterbewusstsein – dem Ursprungsort Ihrer Intuition – zu verankern, welche Momente und Werte Sie auf besondere Weise echt, erfüllt und ganz fühlen lassen.

Übung – Werte-Tagebuch (z. B. täglich 10 Minuten über 1-2 Wochen)

Legen Sie sich ein kleines Büchlein an.

1. Schreiben Sie am Abend auf, welcher Moment an dem jeweiligen Tag sich besonders schön für Sie angefühlt hat. Was war an diesem Tag für Sie bereichernd?

2. Identifizieren Sie den Wert hinter diesem Moment (Nehmen Sie sich hierfür die Werte-Tabelle zur Hilfe).

3. Versetzen Sie sich in das Gefühl zurück, das Sie in diesem Moment gespürt haben. Verstärken Sie es in Ihrem Körper. So verankern Sie in Ihrem Unterbewusstsein, dass diese Werte Sie besonders glücklich machen.

Moment	Wert
In der Mittagspause schien die Sonne so schön.	- Achtsamkeit, Ruhe, Zeit für mich
Ich war so befreit, als ich dem Chef gesagt habe, dass ich das Projekt doch nicht übernehme.	- Eigenverantwortung, Ehrlichkeit, Selbstwirksamkeit

Treffen Sie Entscheidungen mit der Kraft Ihrer Intuition

Je mehr Raum Sie Ihren Kernwerten in Ihrem Leben geben, desto erfüllter werden Sie sich fühlen. Je öfter Sie Ihrem Unterbewusstsein die Botschaft geben, dass Sie sich in gewissen Situationen oder Umständen wohlfühlen, desto stärker wird diese Realität in Ihnen verankert werden.

Es wird Ihnen leichter fallen, intuitive Entscheidungen zu treffen. Sie werden innerlich spüren können, ob sich die Alternativen mit Ihren eigenen wahren Werten vertragen oder nicht. Sich der Stimme der eigenen Intuition zu öffnen, kann trainiert werden. Ihre Intuition ist häufig ein vages Bauchgefühl, das Sie nicht spezifizieren können. Sie spüren, dass etwas nicht richtig ist oder es an der Zeit wäre, etwas zu verändern, doch Sie finden keine klare Antwort und lassen doch alles beim Alten.

Sie spüren, dass Sie sich bei der gedanklichen Auseinandersetzung mit Optionen unterschiedlich fühlen, doch können Sie Ihre Empfindungen nicht deuten. Sich bei der Entscheidungsfällung alleine auf den bewussten Verstand zu beschränken, würde bedeuten, dass Sie sich mit der geringen Zahl von vierzig Informationen, die der bewusste Verstand in der Lage ist zu verarbeiten, zufriedengeben. Ziehen Sie Ihre Intuition hinzu, greifen Sie auf eine vielfach höhere Masse an gespeichertem Wissen zurück.

Sie dürfen darauf vertrauen, dass eine Lösung zu Ihnen kommt, auch wenn Sie nicht nachvollziehen können, woher oder auf welchem Weg. Alles, was es dafür braucht, um Entscheidungen mit Ihrer Intuition zu treffen, ist ein freundschaftliches Verhältnis zu ungeklärten Fragen und der Freiraum, in sich hineinfühlen zu können.

Wie Sie Ihre Intuition stärken:

- Treffen Sie im Alltag immer wieder kleine Entscheidungen spontan aus Ihrem Bauchgefühl.

- Folgen Sie immer wieder Ihren Impulsen. So lernen Sie, darauf zu vertrauen, dass die Stimme Ihrer Intuition Sie nicht in gefährliche oder nachteilige Situationen bringen wird.

- Haben Sie bei Problemlösungen ein vages Gefühl, dann ziehen Sie sich in einen ungestörten Raum zurück. Setzen Sie sich bequem hin und konzentrieren Sie sich auf Ihren Atem. Spüren Sie nun in Ihre Bauchgegend und lassen Sie Ihr Unterbewusstsein sprechen. Welche Farben und Formen sehen Sie vor Ihrem inneren Auge? Gehen Sie eine Auswahl von Wörtern durch, die mit dem vagen Gefühl in Übereinstimmung gebracht werden können. Das passende Wort zur Annäherung an die Lösung eines Problems wird sich innerlich richtig anfühlen. Vielleicht werden Sie sogar ein körperliches Gefühl der Erleichterung wahrnehmen.

ÄNGSTE ÜBERWINDEN – ICH VERDIENE EIN GROßARTIGES LEBEN

Sie haben durch die letzten Kapitel wertvolle Erkenntnisse über sich selbst erfahren. Sie haben sich selbst besser kennengelernt, wissen um Ihre Stärken und Schwächen, wie Sie Ihre Bedürfnisse und Wünsche äußern und was Ihnen im Leben wichtig ist. Häufig bleiben Menschen an diesem Punkt in ihrer Entwicklung stehen.

Sie spüren intuitiv, dass sie bereit wären, sich anderen anders zu präsentieren, doch sie wagen den Sprung nicht. Sie wollen losziehen, ihr Leben verändern, sich anders zeigen als zuvor und werden doch wieder wie von einem unsichtbaren Gummiband zurückgezogen. Was hindert sie?

Es sind die Ur-Ängste, die jeder hat. Die Angst, doch nicht gut genug zu sein. Sie fürchten sich davor, ihre eigene Größe zu sehen, weil sie nicht auf ein Podest gestellt werden wollen, von dem sie leicht wieder runtergestoßen werden könnten, wenn sie sich dann doch Fehler erlauben oder scheitern. Sie fühlen sich wie Hochstapler, die vorgeben etwas zu sein, obwohl sie selbst noch nicht davon überzeugt sind, es zu sein. Sie fürchten sich vor der Bewertung anderer und bleiben dann doch wieder in ihrem Schneckenhaus versteckt.

Trifft dies auch auf Sie zu, habe ich einen Rat. Gehen Sie durch diese Angst hindurch. Lernen Sie die Ungewissheit, was passieren könnte, wenn Sie sich so stark und selbstbewusst zeigen, wie Sie sind, akzeptieren und lieben. Sie werden sehen, dass Sie in den allermeisten Fällen auf positive Rückmeldung stoßen und Unterstützung erfahren werden.

Um wirklich zu wachsen und immer mehr zu der Person zu werden, die Sie sein wollen und die in Wahrheit, das verspreche ich Ihnen, schon längst in Ihnen ist und nur darauf wartet, ausgelebt zu werden, müssen Sie sich Ihren Ängsten stellen. Sie müssen sich selbst überwinden Situationen aufzusuchen, in denen Sie üben können, Ihr neues Ich oder viel besser Ihr wahres Ich zu leben. Angst zu haben ist menschlich und es ist ganz normal, dass wir Angst haben, wenn wir etwas noch nicht oft genug getan haben, um uns selbst in dieser neuen Umgebung oder Situation vertrauen zu können.

Es gibt genau einen Weg, um diese Angst loszuwerden - durch sie hindurch. Es gibt keine Abkürzungen. Anfangs wird es sich für Sie sehr ungewohnt und unangenehm anfühlen, neue Dinge auszuprobieren oder sich anders zu verhalten, aber mit der Zeit gewöhnen Sie sich an Ihre neue Identität und ehemals herausfordernde Situationen werden zu ganz gewöhnlichen. Glauben Sie mir!

Mentalübung – mein wahres Ich (ca. 20 Minuten)
1. Schließen Sie bitte Ihre Augen und stellen Sie sich innerlich vor, wie Sie wären und wie Sie leben würden, wenn Sie sich von Herzen selbst akzeptieren würden und von sich überzeugt wären. Es können ganz kleine Dinge sein. Wenn Ihnen diese Fragestellung schwerfällt, fragen Sie sich, was Ihrer Meinung nach Menschen tun, die selbstbewusst sind.
Ich spreche mit lauter Stimme und sage meine Meinung.
Ich fahre mir mit den Händen durch die Haare.
Ich melde mich zu einem Kurs an, obwohl niemand mich begleitet.
Ich gehe zu Blinddates.

2. Nun kommen Sie ins Handeln! Werden Sie aktiv und bringen Sie sich selbst in Situationen, in denen

Sie diese Dinge üben können, auch wenn Sie möglicherweise der Glauben einholen wird, dass Sie nicht gut genug sind, um der Situation gewachsen zu sein.

3. Egal, wie die Situation für Sie verlaufen wird, sehen Sie es als Erfolg und danken Sie Ihnen selbst, dass Sie etwas für sich getan haben. Sie sind großartig.

Herstellung und Verlag:

BoD – Books on Demand, Norderstedt

ISBN: 9783752673777

1. Auflage

Kontakt: Psiana eCom UG/ Berumer Str. 44/ 26844 Jemgum

Covergestaltung: Fenna Larsson

Coverfoto: depositphotos.com